Kikirikí
Stories and Poems in English and Spanish for Children

edited by Sylvia Cavazos Peña
illustrated by Narciso Peña

Arte Público Press
Houston

Arte Publico Press
University of Houston
Houston, TX 77204-2090

Third Printing, c 1990 Arte Publico Press
Second Edition, c 1987 Arte Publico Press
First Edition, c 1981 Revista Chicano-Riqueña

ISBN 0-934770-15-8
LC 81-68072

PRINTED IN THE UNITED STATES OF AMERICA

Selecciones en Español

English Selections

Introducción para Padres y Maestros

Sylvia Cavazos Peña

Los programas de educación bilingüe y de inglés como segundo idioma se están llevando a cabo para darle al educando la oportunidad de lograr cierto nivel de desarrollo intelectual mientras aprende inglés. Lamentablemente, el propósito de estos programas no es el de fomentar el bilingüismo, puesto que ni siquiera se espera que el alumno mantenga su propia lengua ni llegue a ser buen lector en ella a partir de dominar el inglés.

Es por esto que la educación al nivel de primaria es de suma importancia para el educando de ascendencia hispana. Y es por esto que la *Revista Chicano-Riqueña/Arte Público Press* se propuso recopilar selecciones de literatura infantil para esta población estudiantil, ya que urge que los padres y los maestros tengan disponible todo el material necesario para la enseñanza de la lectura.

Desde la antigüedad, el mundo de la literatura—primero oral o en canción y luego impreso—ha fascinado a niños, jóvenes y adultos. Aquella persona que poseyera el don de relatar un cuento era admirada por el pueblo; y el pueblo no sólo llegaba a conocer su tradición histórica sino que también se dejaba llevar al mundo de la fantasía. Era una manera placentera de hacer a un lado las tribulaciones cotidianas. Para el niño era el medio para llenar una necesidad natural, o sea, dar rienda libre a su imaginación. Con la invención de la imprenta, este mundo imaginativo se pudo captar en libros y comenzó a difundirse más fácilmente. Pero para poder disfrutar del libro había que aprender a leer.

Hoy en día tener la oportunidad de llegar a ser buen lector debe ser derecho fundamental de todo ser humano. La literatura infantil es sumamente importante en preparar al niño para la lectura y la educación formal.

Como no usar la literatura

Tanto el padre de familia como el maestro puede valerse de la literatura infantil para ayudar al niño a llegar a ser buen lector. Es por esto que se debe reconocer el propósito de

5

la literatura infantil y cómo se debe utilizar.

Para aprender a leer independientemente el niño tiene que captar ciertos conceptos. Tiene que saber, por ejemplo, que un texto se hace de oraciones que comunican una idea. Además, las oraciones se componen de palabras y cada palabra se divide en sílabas y cada sílaba en letras que representan ciertos sonidos. A medida que el niño haya captado la relación entre la letra y su sonido, reconoce que una agrupación de letras tiene un significado. El buen lector no sólo reconoce la relación entre letra y sonido, sino que también comprende el significado de lo leído. Así es que es importante que el niño demuestre que ha comprendido lo que ha leído.

Ahora bien, en la primera etapa del aprendizaje de la lectura, no hace falta que el padre o el maestro trate de hacer hincapié en la relación entre el sonido y la letra. Ni mucho menos se ha de intentar ese proceso con la literatura. Para enseñarle al niño que ciertas palabras empiezan con la letra "a" como de *anillo, abeja, ala, arroz,* etc., se pueden usar láminas que representan estos conceptos, pero no se debe pedir al niño que las busque en un cuento o en un poema.

La literatura infantil tampoco ha de usarse para enseñar conceptos de lenguaje, como la diferencia entre verbos y sustantivos, adjetivos y adverbios. Para enseñar gramática se procede de otra manera y se usa otro material. El niño tiene que ver la literatura desde otro punto de vista y no como cuaderno de ejercicios.

Al iniciar al niño de edad pre-escolar en el mundo encantador de las obras literarias, es importante no forzarlo a atender a la lectura de un cuento. Cada niño es único en su desarrollo intelectual, emocional, social y físico. Así es que el padre y el maestro tienen que respetar las necesidades del niño. Al principio será muy probable que sólo le fascinen las ilustraciones y no se muestre interesado en el texto. Si es así, hay que dejarlo en paz y dejar que se deleite con las ilustraciones. Es suficiente. La participación del adulto en la introducción de la literatura al niño debe ser guiada por el niño mismo. Claro está que si el niño quiere conversar sobre lo que ve en el libro, el adulto debe aceptar la invitación y entablar un diálogo con el niño sobre lo que ve, lo que cree que pasa en el cuento, etc. Pero de nada sirve insistir si el niño no tiene interés en dialogar.

Al niño le gusta escoger el mismo libro repetidas veces. El padre no ha de preocuparse por esto ni tratar de quitarle su libro favorito por temor de que no lleguen a interesarle otros libros. A través del contacto repetido con el mismo libro el niño llega a dominar su contenido. Es así como va integrando lo que percibe, ya que lo ha observado, oído o leído con esmero.

La lectura en voz alta de literatura infantil a niños pre-escolares es muy valiosa. Per no se ha de usar para enseñarle al niño a leer como tarea educativa. La obra literaria complementa el programa de instrucción. Hay que proporcionarle al niño suficientes oportunidades de oír .cuentos, manejar libros y estudiar las ilustraciones para que después pueda leer todo lo que le interese por sí solo. Entonces podrá conocerse mejor y llegar a conocer otros mundos.

La literatura y el pre-lector

En el salón de clase o en casa la técnica didáctica más fácil—y tal vez la más importante—es la lectura oral. Todo maestro o padre de familia puede aprender las técnicas de la lectura oral y así fomentar el interés y aumentar la apreciación de obras literarias. Antes de que el alumno haya aprendido a leer independientemente, el maestro puede despertar el interés por la lectura sólo con la lectura oral de obras cuidadosamente seleccionadas al nivel del niño. Además, el niño estará aumentando su vocabulario, la comprensión auditiva, así como ampliando su conocimiento del mundo.

Para llegar a ser buen lector independiente el niño no sólo tiene que descifrar el símbolo gráfico sino comprender lo leído. Esto exige la interpretación de lo leído hasta el punto de captar las ideas del autor. La lectura oral hará que el oyente atienda a todas las convenciones literarias de manera que logre comprender la obra. Si al nivel auditivo el niño puede seguir la narración, si aprende a captar la idea principal, si puede discriminar entre los detalles, si empieza a adquirir una noción del estilo y tono de la obra, si se da cuenta del poder de la palabra en la descripción y en la evocación de los sentimientos humanos, entonces más fácil le será la adquisición de las destrezas necesarias para ser buen lector independiente.

Además de la lectura oral, el maestro puede escoger obras que se presten para ser ilustradas por el alumno. De esta manera podrá comprender que a este nivel de pre-lectura el niño comprende lo que se le ha leído.

Los siguientes son ejercicios fáciles para desarrollar la comprensión:

1. Que el niño dibuje lo que más le ha impresionado de la obra leída en voz alta.
2. Que dibuje los episodios de un cuento para luego narrarlo de nuevo.
3. Que se lea un cuento por secciones y que el niño dibuje algo por cada sección y adivine lo que pueda seguir.
4. Que un grupo de niños dramatice un cuento. Que desarrollen el diálogo.

El maestro o padre de familia deberá enfocar en la reacción personal del niño frente a la literatura. Aunque todavía no haya aprendido a leer, lo importante será que el niño llegue a conocer y apreciar el mundo de los libros. Ya se ha establecido en encuestas científicas que mientras más se le lea al niño pre-lector, más fácil se le hará después el aprender a leer.

El buen lector

Todos queremos que el niño llegue a ser buen lector independiente. Es decir, el buen lector sabe descifrar el símbolo gráfico de manera que pueda leer hasta las palabras desconocidas. Pero según los sociolingüistas, es más importante comprender lo leído, aunque no se conozcan todas las palabras. Además, el buen lector no lee palabra por palabra sino grupos de palabras y va anticipando las ideas que vienen después. En el desarrollo del buen lector, la literatura infantil tiene un papel importante. Como ya se ha mencionado, se ha de evitar el uso de la literatura en ejercicios de análisis fonético o de gramática, puesto que se estará ignorando el valor literario. Para esas tareas el maestro debe limitarse al material didáctico que existe para esos fines.

La literatura para el niño que ya lee puede tener varios propósitos:

1. *Le ayudará a conocer su mundo.* El niño es por naturaleza egoísta en su perspectiva. La literatura

le ayudará a conocerse mejor y a conocer mejor su mundo inmediato. Puede abrirle los ojos hacia sus propios sentimientos y los sentimientos de los demás. Además, la palabra escrita tiene el poder de formar o cambiar ciertas actitudes del niño, particularmente en este nivel. El niño está formando su autoconcepto y la literatura le puede ayudar a comprenderse mejor y a aumentar su propia estimación. Por eso los maestros y los padres deben proporcionarle bastantes oportunidades de oír y leer obras literarias y luego deben facilitar la discusión de su reacción personal sin que el niño tema expresarse, ya que la evaluación personal de cada niño es válida.

2. *Le ayudará a conocer otros mundos.* Así como la literatura sirve como motivación para conocerse a sí mismo, también lo puede ser para ensanchar la perspectiva del niño hacia otros mundos. Es necesario que los maestros y los padres dirijan el interés del alumnado hacia otros pueblos, otras costumbres, otros valores. Hay que enseñarle al individuo a apreciar las diferencias entre los hombres y a ser sensible y tolerante de ellas. Claro está que la mejor manera de desarrollar esas actitudes es por medio del contacto directo con muchas personas de diferentes partes del mundo. Pero para muchos, esa experiencia no es posible y sólo se puede alcanzar a través del libro, de la palabra escrita. Si los padres y los maestros escogen bien, si le ofrecen frecuentes oportunidades de oír o de leer cuentos, novelas, poesías, entonces el alumno no carecerá de oportunidades de ampliar su perspectiva hacia el ser humano.

El valor de la literatura para el niño está en el hecho de que a través de ella irá organizando el mundo. Mientras más fuentes literarias le sean accesibles, más podrá organizar el caos que le rodea para poder alcanzar cierta seguridad. No se puede llegar a este conocimiento de sí mismo sólo por medio del contacto con otros niños, puesto que todos ellos tienen esa misma necesidad de interpretar el mundo. Pero el mundo del encanto y la fantasía sí puede indicarle el camino hacia el mundo ordenado y seguro.

Para los niños en cuarto, quinto y sexto año, o sea, en las etapas más avanzadas, el cuento basado en la realidad es más relevante. Esto no quiere decir que el cuento fantástico ya no le interese a este grupo. Si sólo se le presentan obras basadas en la realidad, se le estará privando de una rica tradición literaria que está llena de encanto y fantasía. Todo tipo de literatura merece atención en la educación de nuestra población infantil y juvenil. Le toca al padre y al maestro proveerle a cada niño una rica variedad de obras y muchas ocasiones para oírlas y leerlas.

En *Kikirikí* se han incuído obras de escritores méxico-americanos, puertorriqueños, cubanos, peruanos y argentinos de todas partes de los Estados Unidos y así las selecciones reflejan varios aspectos de la vida del latino en este país, su pasado histórico, sus tradiciones y, sobre todo, su imaginación y fantasía. Muchos de los escritores se han destacado en el campo literario; todos son escritores-artistas primero, no maestros. Entre los escritores representados se pueden contar numerosos premios literarios tales como el Premio Nacional de Literatura Chicana (Abelardo Delgado), National Endowment for the Arts Fellowship (Lorna Dee Cervantes), Best Children's Book of the Year de *Library School Journal* y Jane Adams Children's Book Award (Nicholasa Mohr), premios de poesía en Miami, San Juan y Barcelona (Damián Fernández), y muchos más.

Como al niño hispano se le tiene que instruir en ambos idiomas, se optó por incluir material no solamente en español sino también en inglés. También se ha incluído una obra experimental por Trini Campbell que mezcla los dos idiomas tal como se hace en la sociedad y como se ha hecho en una parte de la literatura para adultos. Será la primera vez que se intente hacer semejante cosa con la literatura infantil; los lectores pasarán el juicio sobre su éxito. Debe ser obvio que fue considerable la tarea de seleccionar las obras para *Kikirikí*. Nos propusimos escoger obras que le gustarían a la población estudiantil en los niveles de kindergarten a sexto, puesto que lo más importante es que el educando tenga la oportunidad de escuchar o de leer obras literarias que estimulen la imaginación y le ayuden en su desarrollo social, emocional, intelectual y lingüístico. Claro está, una parte importante de ese desarrollo es tener literatura que refleja la vida y la cultura del individuo, en este caso el niño hispano. Esta contribución a la literatura infantil es nada más una primera tentativa. Ojalá sea un estímulo para que otros comiencen a producir más obras para el niño hispano.

Queremos reconocer la ayuda brindada generosamente por dos especialistas en literatura infantil: Professor Mary Agnes Taylor de Southwest Texas State University y Argentina Palacios, la reconocida escritora.

Cristobal S. Berry-Cabán

Nana del Coquí

No sé dónde vive
pues nunca lo puedo ver.

No sé si existe
pero, debe ser.

¿Será un duende
o una sombra?

¿Será un fantasma
o un diablillo?

No sé.

Pero a la prosta del sol
después del calor
siempre oigo su dulce canción
¡co-quí, co-quí, co-quí!
Anunciando un nuevo día.

Los Animalitos

Tiene su casa
en la espalda.
Cuando se quiere dormir
en su concha
   se esconde
y nadie así lo
     molesta.
¿Quién es?
Adivínalo tú
   pues.

Hay una rana
    coqueta
que salta
    de charco en charco.
¡Ay ranita consentida
que no se moje
    tu cola
en el fango
    de ese charco!

La hormiguita
    diligente
acarrea
    grano a grano,
su sustento
para un año.
Mas la cigarra
    ociosa
se acicala
    en la mañana
y ¿en la tarde?
pues . . .
      ¡descansa!
De pronto
llega el invierno
cubriendo todo
    de nieve.
No hay vestigios
    de verano,
el campo se halla
    desnudo,
la naturaleza
    duerme.
Mas la prevenida
    hormiga
tiene todo
    en su "alacena,"
y la flojona
    cigarra
de hambre y frío
está al morir
    por necia.
Hay que aprender

de la hormiga
y guardar
	pan para mayo
que quien
	no ahorra
		hoy día
no ha de tener
	buen mañana!

Camina, caminando
va el caracol
		feliz,
pues en su camino
		hoy día
halló una gorda
		lombriz.

Amador

Amador el viajador
era muy buen aviador.
Tenía sólo siete años
y ya había ido a la luna
y vuelto.
Amador, el viajador
le decían sus abuelitos
desde que apenas gateaba.
De los anillos
de Saturno
trajo unos brillantes
del tamaño
de una tina de baño.
De Urano
trajo unos granos
que parecían ser maíz,
mas eran
             palomitas verdes.
Amador el viajador
había cruzado
siete veces el océano
y una vez
los siete mares.
De Júpiter
trajo una mujer
muy hermosa
que decidió
regresar a este mundo con él.

Amador el viajador,
a los cinco años
fue a la África
a traer
unos cuernos de marfil
para sembrar el cuhamil.

Amelia Delgado (trad. Abelardo Delgado)

Un Pez Avariento, También Uno Bueno

Había una vez un pez avariento,
a veces era avariento
y a veces era bueno.
Cuando era bueno ayudaba a otros peces
y cuando era avariento
quería la comida de los otros peces.

Una vez un muchacho estaba pescando
y enganchó al amigo del pez avariento.
El pez avariento se llamaba Memo.
Memo no sabía qué hacer
por su amigo . . . se puso a llorar.

El pez avariento tuvo una idea.
Nadó rápido y trajo al pez cerrucho
y al pez martillo para ayudar a librar a su amigo.
El pez fue rascatado.

Todos los otros peces estaban muy contentos.
Le hicieron una fiesta a Memo.
Memo estaba muy contento también
porque le dieron toda la comida que quería.

Al día siguiente Memo nadaba alrededor
cuando vio comida que no le pertenecía
pero la cogió y se la comió de todos modos.
La comida era de una pececita llamada Angela.
Angela dijo, —¿Por qué te comiste mi comida?—

Memo dijo que tenía hambre, así que se la comió.
Angela estaba muy enojada con él.
Y también todos los demás
por ser tan avariento
dijeron que ya no le iban a hablar.
Memo se puso tan triste que empezó a llorar.

Más tarde ese día cuando nadaba
vio a uno de sus amiguitos llorando.
Memo se arrimó a ver qué estaba mal.
Su amigo dijo que estaba perdido
y no sabía dónde estaba su mamá.

Memo le dijo al pez que estaba perdido
que lo siguiera.
Memo muy pronto llevó al pez chiquito
a donde estaba su mamá.

El pez perdido se puso contento
y todos los otros peces estaban contentos también.
Ellos decidieron hablarle otra vez.
Ahora el pez avariento
es todavía avariento y bueno,
más que todo, bueno.

Adivinanzas

La primera letra
soy del alfabeto
grande y regordeta
y un rabo final.
      (la letra a)

En los ejes del carro voy,
y duermo en medio del sueño.
Te conviene que me digas
si tú aprendes lo que enseño.
      (la letra e)

Sin mí tú no existes,
tampoco el atún.
Quiero estar presente
donde vayas tú.
      (la letra u)

Sazono la avena,
endulzo el café,
empalago los dulces,
el bizcocho también.
      (el azúcar)

Te protejo incesante
del efecto del sol.
De la lluvia inclemente
soy el cubridor.
      (el paraguas)

Temprano a la cama
Papito me lleva,
me narra un cuentito,
me acuesta a dormir,
me arropa todito
y dice hasta mañana.
           (yo)

Corrí monte abajo
y en el mar derramé
parte de mi vida
y la tierra arrastré.
           (el río)

Sin ti yo no existo
pues soy tu final.
Soy fin del maní
y también del mabí.
           (la letra i)

Por encima de las nubes
en lo alto voy brillando,
y cuando el sol ya se esconde
a todos voy alumbrando.
           (la luna)

Me llevas a la escuela,
y también a tu hogar
y en la biblioteca
no tengo rival.
           (el libro)

Redonda, llenita,
parezco un barril.
Ni con una llave
me pueden abrir.
        (la letra o)

Cuando el sol acaricia
la lluvia en el cielo
todos los colores
en las nubes riego.
        (el arco iris)

Casi llego al cielo.
Soy alta, muy alta,
más que una colina,
más que una escalera.
        (la montaña)

Doy vida a las plantas,
doy vida a la tierra,
pues mi pecho encierra
calor para dar.
        (el sol)

Sólo tres colores a mi alrededor:
rojo, azul y blanco,
y una estrella sola
dentro de un triángulo.
        (la bandera de Puerto Rico)

Lucy Torres

Con Camilo y sus cuatro cabras

Con su camisa color carey,
camino al campo, cantando iba
Camilo el Cojo el de don José,
con sus cuatro cabritas pintas.

—Que quiero leche, mamá Isabel,
que quiero queso y pan de casabe,
y en coca de coco quiero café
como tú lo cuelas, ¡ay, cómo sabe!

Cabras, cabritas, cuatro tenía,
cabritas blancas con muchas pintas,
cabras con pintas color castaño,
¡ay, con cuatro más completaría un rebaño
que por cuántos cuartos yo vendería!

¡Contento, cantando se fue Camilo,
camino al campo, camino al pueblo,
mas cuando un día, cuatro cabritos
sus cuatro cabritas vieron
comiendo yerba con los caballos,
y a comer con ellos las cuatro fueron,
quedando Camilo sin su rebaño!

—No quiero ya en coca de coco café,
ni leche, pan de casabe, ni aún del queso,
sólo a mis cuatro cabras, mamá Isabel,
mis cuatro cabritas es lo que quiero.

Con su camisa color carey,
camino al campo, cantando iba
Camilo el Cojo el de don José,
con sus cuatro cabritas pintas.

Las Aventuras de Igorín Misifuz

CANTO I: La amenaza

Igorín Misifuz iba muy de mañana
con su capa de seda y su gorra de pana,
el bigote atusado con esencias de China,
un monóculo ruso y una real leontina.
Iba corre, corriendo por el gran bulevar,
iba rumbo al palacio a la orilla del mar
para hablar con el noble Maximín Caninburgo,
heredero del trono imperial de Esmisburgo.
Igorín es ministro y asesor de la corte,
veterano guerrero de las guerras del Norte,
siempre listo a servir sin pensar en la hora,
sea tarde en la noche o temprano en la aurora.
Es por eso que corre a asistir al señor
Maximín Caninburgo, Príncipe-Emperador.
Maximín lleva días que no roe ni un hueso.
¡Tanto sufre en silencio el famoso sabueso!
Pues le ha dicho el espía Canarín Canarito,
en traiciones malignas distinguido perito,
que preparan ataque en Perlinterracán,
la ciudad enemiga en las Lomas del Pan.
Es Perlinterracán un lugar de misterio.
Tiene torres con barbas y, en su gran cementerio,
un pantano gigante con cien mil cocodrilos
que han traído por balsa de las aguas del Nilo.
Los perlinterraqueños son enanos violáceos
que se nutren de nutrias y de piel de batracios.
Es su alma más negra que una cueva de arañas,

más feroces y crueles que un millar de pirañas.
Quieren estos malvados conquistar el planeta
para luego pintarlo de color de violeta,
y el primer golpe artero es vencer a Esmisburgo
y matar al valiente Maximín Caninburgo.

CANTO II: La conferencia

En la sala de armas están todos los nobles
estudiando y comiendo a la mesa de roble.
Está el aire azulado por el humo oloroso
del cigarro cubano del Obispo Fray Oso.
Igorín Misifuz se ha quitado la capa
y está lee leyendo las señales de un mapa.
Canarín Canarito está trino trinando.
Maximín Caninburgo está ladra ladrando.
Canarín gesticula con su cola amarilla
y describe en detalle una inmensa flotilla
de pericos gigantes con el ojo blanquizo,
con plumaje de hierro y narices de erizo.
—¡Son terribles! ¡Terribles!—enfatiza el canario.
Lo infame que son es ya hoy legendario.
Arrasaron las tierras del Bezique de Arteja,
aquel pueblo de mieles y de mansas abejas.
Derrotaron Sapuria y los rabos quitaron
a los sapos azules y también se llevaron
los abrigos de invierno de las ranas naranja,
y más tarde pusieron un veneno en la zanja
donde vive Sapingo, la magnífica iguana,
rey de todos los sapos, de lagartos y ranas.
—¿Qué crees tú, Misifuz?—Caninburgo ahora indaga.
Ante tal amenaza, ¿qué crees tú que yo haga?

28

Misifuz, el ministro, piensa mucho y muy largo,
saboreando nervioso una sopa de pargo,
preocupado lamiendo una concha de almeja,
arrugando la frente y doblando una oreja.
—Mi señor Maximín—dice al fin el felino
—¿No has pensado en llamar al valiente Juan Trino?
Con su fuerza estupenda de finchorros rosáceos
en un tris extermina a los enanos violáceos.
Y más tarde sus tropas de selváticos micos
con sus dientes despluman a los grandes pericos.
Si estos mil papagayos ya no pueden volar,
estaremos seguros a la orilla del mar.
—¡Formidable, Igorín! Tú mereces un premio.
Esmisburgo es deudor a tu espléndido ingenio.
—¡Adelante, mis bravos! Formulemos el plan
que derrote certero a Perlinterracán.

CANTO III: La traidora

Al caer de la tarde se despierta despacio
la ladina Gatova en su blanco palacio.
Sobre colchas de raso ronronea la arpía,
ya a Perlinterracán se ha vendido de espía.
Es hermosa Gatova, su nariz sensitiva,
y su suave pelaje a los gatos cautiva.
De Esmisburgo es condesa, prima de Caninburgo
por la rama perdida de los Duques Limburgo.
Fue la hija querida del infame Fodor,
pretendiente del trono y villano traidor
quien aliado al infame Rodacán el Tetrarca
intentara matar a su ilustre monarca,
explotando un petardo bajo el lecho de oro
que al fallar trucidó a un dulcísimo loro,

cantador melodioso de monsergas arcaicas
tanto en lenguas romances como en lenguas incaicas,
para huir fugitivo a las Lomas del Pan
y morir exiliado en Perlinterracán.
Luego lee Gatova un mensaje importante
que Roedor el Moscón le ha dejado en un guante.
Es Moscón cruce infame entre insectos y ratas
con perfume de cerdos y moquillo en las patas,
se alimenta de iguanas y le asusta la luz
y es el archienemigo de Igorín Misifuz.
—¿Con que piensan traer al imbécil Juan Trino?—
mascullea Gatova con acento felino,
y llenando dos pliegos con sus gráciles marcas
comunica las nuevas al villano Tetrarca
Rodacán, el cacique de Perlinterracán,
el terrible enemigo de las Lomas del Pan.

CANTO IV: La traición

A la noche, Gatova llega en bella carroza
de cristal y de plata y de palo de rosa
a la fiesta que ofrece Maximín Caninburgo
en honor de los grandes del país de Esmisburgo.
La Gatova reluce con su tiara brillante
de esmeraldas y perlas y valiosos diamantes,
perfumada de sándalo y cubierta de lazos.
Embrujado Igorín la estrecha en sus brazos
y en un vals palpitante se la lleva al jardín
para hablarle de amores bajo un blanco jazmín.
Igorín con ternura le declara a la bella,
—Tu pelaje es de seda, y esa cándida estrella
en tu frente peluda no me deja dormir.
¡Oh, Gatova, o me quieres o me voy a morir!

—Sí, mi guapo felino—le contesta la arpía,
Ven, acércate a mí, pon tu pata en la mía,
aquí bajo el jazmín en la sombra callada
dime todo tu amor en mi oreja rosada.
Igorín, sin pensar, se lanzó a la penumbra.
Ya es muy tarde para huir cuando el pobre vislumbra
dos enanos violáceos que le quitan la gorra
y lo tumban rendido con su gran cachiporra.
La Gatova da órdenes a los feos enanos,
y le roba a Igorín con sus ávidas manos
llaves de los cuarteles y papeles secretos
y un ratón carmesí que es su fiel amuleto.
—A robar los finchorros. A amarrar a Juan Trino,
y a llevarlo muy presto con el tonto felino
a la cárcel perdida bajo el Mar de Bellotas.
Anunciad al Tetrarca que prepare la flota
de pericos de acero de Perlinterracán,
la ciudad poderosa de las Lomas del Pan.

CANTO V: Luego en Palacio

En su trono de plata Maximín el sabueso
a la arpía Gatova habla con embeleso.
—¡Qué exquisito es el néctar que me has dado a beber!
¡Oh, mi prima adorada, ambrosía ha de ser!
La corona me pesa, oh Gatova querida,
y me siento la lengua un poquito dormida.
—Ay, mi pobre primito, es que estás muy cansado.
Dame acá tu corona y descansa a mi lado.
Con las patas cruzadas duerme el príncipe hermoso
al igual que sus nobles y el Obispo Fray Oso.
Todos quedan dormidos por un dulce brebaje
que ha servido el Moscón, disfrazado de paje.

Y en el bello palacio a la orilla del mar
no hay un alma que pueda la alarma tocar.
La maldita Gatova, truinfadora se impone,
la corona del reino en su frente dispone
y se pierde en la noche a esperar al Tetrarca
junto al Mar de Bellotas donde atracan las barcas
de los feos soldados de Perlinterracán
el infame país de las Lomas del Pan.

CANTO VI: La gloria de Canarito

Canarín Canarito es un pájaro extraño,
es un poco poeta y otro poco ermitaño.
Aunque buen cortesano nunca acude a las fiestas,
pues prefiere lo fresco de la verde floresta
al boato barroco del palacio de mármol
donde no hay ni una flor, ni un arroyo, ni un árbol.
Canarín se dispone a dormirse en su nido
cuando siente de cerca un penoso quejido.
Canarín, el valiente, no se hace esperar,
y comienza en seguida a indagar y a buscar,
no por nada le llaman Canarín Canarito,
en traiciones malignas distinguido perito.
En el fondo de un pozo por fin halla maltrecho
un finchorro rosáceo magullado en el pecho.
El finchorro leal se ha quebrado tres plumas
al romper sus amarras y volar por las brumas
de la noche siniestra de peligros henchida
donde sombras fatales le amenazan la vida.
El finchorro al canario le revela espantado
los terribles terrores que Esmisburgo ha pasado.
Canarín canta, canta con agudo dolor,
canta, canta más dulce que feliz ruiseñor

y despierta en la noche otras aves cantoras
que confunden la luna con la luz de la aurora.
Les responden las ranas del país de Sapuria
que croando prometen un desquite a la injuria
de su amado Sapingo, y el Bezique de Arteja
llama diez batallones de sus bravas abejas
y preparan el vuelo rumbo al bello Esmisburgo
donde duerme en peligro Maximín Caninburgo.

CANTO VII: La batalla

Maximín se despierta con el fiero zumbido
de las plumas de acero. Los pericos temidos
ya se ven tras las nubes y la horrible flotilla
está sólo distante unas mil siete millas.
Caninburgo asistido por su ahijado Andresito
un felino amarillo de Igorín favorito,
el morrión de plumero de su yelmo se encaja,
las espuelas se calza y se cuelga en la faja
una espada más larga que su cola florida,
ya a Obispo Fray Oso, se acerca en seguida.
Y Fray Oso bendice las espadas y escudos
y las frentes guerreras de los nobles peludos.
Finalmente se yergue el marcial Caninburgo
reclamando las tropas del país de Esmisburgo.
Ya desatan finchorros, ya libertan los micos
y se aprestan ligeros a esperar los pericos
cuyos picos feroces, cuyas plumas de acero
raudos llenan los aires con sonidos guerreros.
—¡Adelante, finchorros! ¡Adelante, mis micos!
a atacar, defendernos de esos malos pericos.
Rescatad vuestro líder, el valiente Juan Trino,
y a Igor Misifuz el ministro felino.

En sus nombres luchad y alcanzad la victoria
ya a Esmisburgo llevad al cenit de la gloria.
La batalla es terrible, el fragor espantoso
ha dejado sin habla al Obispo Fray Oso.
y Pitágoras Pérez, contador de las sumas,
ha perdido la cuenta de los cientos de plumas
que han usado las tropas de finchorros rosáceos
en su lucha mortal con enanos violáceos.
¿Ganarán los finchorros? ¿Vencerán los enanos?
¿Tiene el cruel Rodacán la victoria en la mano?

CANTO VIII: El rescate

En la lóbrega cueva se oye un triste gemido,
—¡Ay, mi buen Misifuz, tengo un poco partido
el plumón de la izquierda de color opalino!
—No te quejes tú solo, mi querido Juan Trino
—gime triste Igorín.—Si te duele el plumón
mira tú en mi frente este horrible chichón.
Un croar y un zumbar interrumpe las quejas.
Han llegado las tropas del Bezique de Arteja
y en el Mar de Bellotas está el gran rey Iguana,
el valiente Sapingo con su armada de ranas.
Esta hueste acompaña al feroz Canarito,
en traiciones malignas distinguido perito.
Canarito ha picado a Roedor el Moscón,
sin piedad preguntando dónde está la prisión
de Igorín Misifuz y del noble Juan Trino.
El cobarde por fin lo ha llevado mohino
a la cueva perdida en el Mar de Bellotas
donde sufren su pena los maltrechos patriotas.

CANTO IX: La victoria

Esa tarde, por fin, cuando cruel la batalla
llena mares y campos de plumón y metralla,
se reúne el consejo del país de Esmisburgo:
Canarín, Misifuz, Maximín Caninburgo,
y Juan Trino, el feliz general tan temido,
general que jamás se dará por vencido.
Una hora más tarde de las blancas almenas
se despliega el Bezique con sus fieras colmenas
de abejorros feroces que se lanzan zumbando
sobre enanos violáceos que se alejan chillando.
Andresito e Igor con Sapingo, La Iguana,
y los cientos de sapos y de intrépidas ranas
hacia el campo se marchan a ayudar a los micos,
aplastados ya casi por los fuertes pericos.
Saltan, saltan los sapos a los cielos a miles,
frías bombas saltonas que como proyectiles
a pericos derrumban uno a uno hasta el suelo.
Y por eso en la tarde cuando reina en el cielo
la Lunita coqueta sus cabellos peinaba,
el Obispo Fray Oso la victoria anunciaba.

EPÍLOGO

Los perlinterraqueños, los enanos violáceos
que se nutren de nutrias y de piel de batracios,
magullados huyeron a Perlinterracán,
la ciudad derrotada en las Lomas del Pan.
La Gatova escapó a través de una charca,
y ahora llora rabiosa con el feo Tetrarca.
Y en el blanco palacio a la orilla del mar
se prepara la orquesta otro vals a tocar.

Ya celebran los bravos la gloriosa campaña
con inmensas botellas de espumosa champaña.
Canarito, elegante en su cota de malla,
luce bravo en su pecho la grandiosa medalla
con que honra el señor Maximín Caninburgo
al feliz salvador del país de Esmisburgo.

Las Calabazas Humanas. Halloween

Erase una vez un niñito que le gustaba mucho jugar con las calabazas en el día de Halloween. Un día el niño pensó . . . inventaré mis propias calabazas. Recogió unas cuantas semillitas y se fue al patio de su casa y las sembró. Todos los días el niño miraba su sembradito para ver si ya habían nacido sus calabacitas. Pasado algún tiempo empezaron a brotar las primeras semillitas. El niño se llenó de alegría y empezó a hablar con los primeros retoñitos.

—Espero que crezcan pronto, pues ya Halloween se acerca y quiero mis calabazas. Así decía el niñito a sus plantitas cada vez que las regaba.

Pasó el tiempo. Las plantitas crecieron y echaron frutas—¡Oh qué hermosas calabazas! —exclamaba el niño, lleno de alegría. Ahora sí tendré muchas calabazas para mí sólo. Todos los días el niño dialogaba con sus queridas calabacitas.—Ustedes serán mis amiguitas. Las recogeré en mi cuarto cuando ya estén grandecitas. Les prenderé una velita en el día de los brujitos.

Así fue pasando el tiempo. Día a día el niño hablaba y jugaba con las bellas calabazas. Llegó por fin el día de Halloween. —¡Hoy es el día! ¡Hoy es el día!—gritaba el niño lleno de júbilo. —Seré el niño que más calabazas tendrá en la noche de Halloween.

Bien temprano en la mañana el niño decidió que tendría que cortar sus calabazas. —A la ri la ra calabazas tengo ya. A la ri la ra calabazas tengo ya.— Loco de contento el niño cortaba y cortaba más calabazas. Por fin pensó que había terminado. Las puso en una mochila y las cargó a su habitación. Rápidamente se dispuso a preparar sus calabacines para tenerlos listos en la tan esperada noche de Halloween.

—Empezaré por ésta que es la más hermosa y la más grandota—pensaba el niño, impaciente y lleno de entusiasmo. Cuando el niño se dispuso a sacrificar tan hermosa calabaza oyó una vocecita que le decía

—¡Oh! Ya veo que no quieres jugar más conmigo. Me quieres cortar la cabeza para prenderme una vela.—El niño escuchó la voz y se quedó sorprendido.

—¿Pero es que tú hablas? ¡Nunca me habías hablado!

—Sí, hoy tengo el derecho de hablar porque se celebra mi día, el día de las calabazas. Pero ya veo que no me quieres, pues te dispones a arrancar mi pobre cabeza.

—Pues te la arrancaré de todas maneras. Hoy es la gran noche y tengo que disfrutarla. Quiero prender muchas velas y no te me escaparás.

—Pues por ser mi día de fiesta quiero pedirte un favor—le dijo la calabaza.

—Habla y que sea pronto, pues tengo prisa de verlas a todas prendidas.

—Quiero ser la última calabaza a quien tú

cortes la cabeza.

—Muy bien—dijo el niño—serás la última sacrificada.

Se dirigió el niño a otra calabacita que ya no era tan grande como la primera.

—Bien, bien, serás tú la que tendré que sacrificar primero—dijo el niño afilando su cuchillo. Estaba a punto de cortar su hermosa cabeza cuando oyó una voz que de pronto le dijo:

—¡Oh! ¡Ya veo que no me quieres, pues te dispones a cortar mi hermosa cabeza!

El niño se sorprendío y le dijo—¿Cómo? ¿Tú hablas? ¡Nunca me habías hablado!

—Hoy es nuestro día y tengo poder de hablar. Te pido de favor que no cortes mi hermosa cabeza.

—Bien, bien—le dijo el niño—te daré la dicha de disfrutar un poco más de tu hermosa cabeza—y diciendo esto agarró a otra calabacita que estaba muy triste cerquita de ellos. —Tú serás entonces la primera y no me hablarás, pues ya con dos es suficiente—y dicho esto, se dispuso a arrancarle la cabeza a la humilde y triste calabacita. Cuando estaba al punto de hundirle el cuchillo, oyó una voz que le decía:

—¡Oh! ¡Oh! Ya veo que no me quieres, pues te dispones a cortar mi humilde y triste cabecita.

El niño se sorprendió y dijo . . . —¡Tú también hablas! ¿Cómo es posible, si nunca me habías hablado?

—Hoy es mi noche y tengo el poder de hablar y por favor yo te pido que no me arranques la cabeza.

El niño pensó que quizás sería maravilloso poder jugar con más calabacitas que hablaban y quizás, si les arrancaba la cabeza, ya no hablarían más.

—Bien, bien—dijo el niño dirigiéndose a las calabacitas. —Haré lo que ustedes quieran, por ser el día que todo el mundo las sacrifica. Yo las perdonaré, pero me prometerán que van a jugar conmigo y no se arrepentirán.

—¡Sí! ¡Sí! ¡Sí! —gritaban todas llenas de contento—¡Jugaremos! ¡Jugaremos!—y brincaban y saltaban. El niño estaba muy feliz y pidió silencio para pintar las caras a las calabazas. De pronto escuchó una voz que decía—Aquí estoy, quiero jugar, quiero jugar, ¡quiero jugar!

El niño dijo—Se oye una voz, ¿quién será?

—Aquí estoy, ¡quiero jugar!

Las calabacitas dijeron—Es nuestra hermana. Ha quedado olvidada.— El niño abrió la puerta, corrió al patio y debajo de una frondosa y tupida enredadera había quedado olvidada una preciosa y orgullosa calabaza.

—Ven a jugar—le decía el niño al tiempo que la cortaba y la llevaba a su cuarto juntito con las demás.

—¡Oh! ¡Qué hermosa noche!—gritaban todos llegnos de júbilo y de emoción. ¡Era una noche de fantasía! ¡Noche de encantos! ¡Noche de embrujos! Era una noche de Halloween.

Noche de calabazas humanas calabacines calabacín.

Virginia Cantú

Los Viajes de Abí

En un pueblecito en México llamado San Martín vivía un niño llamado Abí. Los padres lo llevaban a las fiestas que el pueblo hacía pero el niño casi nunca quería ir. En esta ocasión lo habían llevado a celebrar el día de la bandera. Había tantas cosas que comer y por dondequiera se miraba la gente divirtiéndose. Cuando regresaron a la casa los padres de Abí notaron que el niño permanecía triste.

—¿Qué tienes, Abí? —preguntaba la madre.

—¿Por qué estás triste, hijo? —preguntaba el padre. Pero el niño no decía nada. ¡Pobrecito Abí! ¿Sabes por qué estaba triste el niño?

El niño pensaba que se veía muy feo. Pues apenas había perdido sus dos dientes de enfrente y todos los demás niños se burlaban de él. También pensaba que sus orejas eran muy grandes y su nariz muy larga. De veras no eran así, pero él creía que sí y esto lo hacía estar triste. Estaba tan desdichado que pensaba huirse de la casa.

El pobrecito Abí estaba haciendo preparaciones para acostarse cuando oyó un ruido afuera.

Brincó de su cama y corrió hacia la ventana. Hizo las cortinas a un lado y ¿a quién crees que vio?

¡Allí afuera se encontró a un duende tan chiquito como un enano! Tenía una gorra que estaba tan larga que la punta de ella pegaba al suelo.

En un instante el duende entró en el cuarto de Abí. —¿Quién eres tú y qué haces aquí? —preguntó Abí.

El duende le dijo a Abí que él sabía qué triste estaba y él había venido a llevárselo de allí a otro lugar donde estuviera feliz.

¡Abí brincó de gusto y el duende dijo unas palabras mágicas y volaron los dos por la ventana por el aire hacia las estrellas!

¡Subieron tan alto que casi chocaron con la luna!

El duende lo llevaba a la tierra llamada "Adrós."

Llegaron allí y qué sorpresa cuando el niño miró que la gente de allí no tenía orejas. Abí quería saber por qué. —¿Esto no te parece bueno? ¡Así no tienen que oír el ruido de los demás! —exclamaba el duende.

Pero Abí sólo pensaba en que los niños de allí nunca iban a poder oír las canciones de los pajaritos. Nunca iban o oír un cuento chistoso y nunca iban a poder oír las palabras cariñosas de ;sus padres. —No creo que yo estuviera feliz aquí—decía Abí, con lágrimas en los ojos. El duende pronto lo agarró de la mano y se lo llevó. Iban a la tierra llamada "Sodum."

El duende y Abí llegaron a "Sodum." Esta era una tierra muy bonita y Abí pensaba que aquí él podría estar feliz. El duende le contaba sobre todas las cosas buenas que allí había pero pronto Abí notó algo extraño. ¡La gente de "Sodum" no tenía bocas! —¡Qué feo se ven sin bocas!—exclamó Abí. Abí le decía al duende que esto no era bueno. El niño pensaba que sin la boca esta gente vivía infeliz. —Esta pobre gente nunca se dará cuenta de qué es una sonrisa, y qué feliz se siente la gente cuando te sonríes con ellos—decía Abí. El niño le dijo al duende que mejor se fueran de "Sodum." Abí seguía buscando un lugar donde estuviera feliz.

Después llegaron a la tierra que lleva por nombre "Zirán Nis." Esta tierra se encontraba muy lejos y duraron bastante para llegar allí. En este lugar no había flores en ninguna parte y esto se le hizo extraño a Abí. En su casa siempre había flores de todos colores. El niño preguntaba sobre la falta de flores. El pensaba que a la gente no le gustaban las flores. Pero el duende le tenía la respuesta. —¡La gente de esta tierra no tiene narices!—decía el duende. —¿Para qué quiere flores si no las puede oler? —explicaba el duende.

¡Qué triste se sentía Abí por la gente de "Zirán Nis!" —Nunca podrá oler la fragancia de las flores o la tierra cuando está mojada— pensaba Abí. Para el niño éstas eran fragancias bonitas y ¡qué lástima que esta gente nunca iba a tener esta experiencia! El duende notó que a Abí no le gustaba "Zirán Nis" y se lo llevó de allí.

El duende mirando la tristeza de Abí le preguntó si quería seguir su viaje. Abí ya no quería visitar a otras tierras. El quería regresar a su casa. El pobre niño sabía que él nunca iba a poder estar feliz en estos otros lugares y ya les echaba de menos a sus padres.

—Llévame a mi casa, duende. Yo quiero volver a San Martín—decía Abí. —Allí la gente tiene narices para oler las flores, tiene orejas para oír cantos y bocas para sonreír. Yo pensaba que podría estar feliz en otro lugar, pero estaba equivocado—explicaba el niño.

El duende y Abí regresaron a San Martín.

Abí se acostó. Estaba tan cansado de su largo viaje.

Por la mañana despertó el niño. Pronto corrió de su cuarto. En la cocina encontró a su mamá. Le dio un abrazo y le acarició la cara. —¿Qué tienes, Abí? ¿Qué te pasa? Antes estabas muy triste y ahora te miras muy feliz—decía la madre. Abí se sonreía.

Se sentó el niño y con la nariz podía oler el desayuno que su mamá le estaba preparando. ¡Qué delicioso olía! Con sus oídos oyó la voz de su papá que le preguntaba cómo había amanecido. —¡Qué bonita la voz de mi papá!—pensaba Abí. El niño recordaba el viaje que había hecho con el duende.

Cuando le dio gracias a Dios por su desayuno también le dio gracias por su boca, aunque le faltaban sus dientes. —Pronto crecerán de nuevo—pensaba Abí. Le dio gracias a Dios por las orejas y la nariz que tenía. De veras que éstas son cosas importantes y hay que apreciarlas!

Cirilo Toro Vargas

El Gallo que No Cantaba

Había una vez en el Barrio Cerrillo un gallo de abundante plumaje y cantío sonoro. Pero no siempre había sido así. Cuando Mamá Gallina lo empolló, éste, en lugar de decir pío pío como los demás pollitos, emitía otro sonido difícil de explicar. Por lo menos era Mamá Gallina quien no sabía por qué su hijito piaba tan raro. Y eso le preocupaba. Pero no, él no piaba . . . él ¿habla-ba?

—No, no puede ser.—exclamaba Mamá Gallina muy triste—¿Por qué he de tener un pollito que no pía, que habla como la gente?

—Maíz, maíz—decía el pollito mientras picoteaba la tierra en busca de comida.

La gallina consultó al jefe gallo. Este le indicó que no se podía hacer nada. Que sólo el Hada Gallina podría hacer algo, pero ella únicamente iba al gallinero una vez cada año, pues tenía que visitar otros gallineros de la comarca.

Pronto todas las comadres gallinas y los compadres gallos se enteraron del asunto. Y comenzaron a opinar. A unos les causaba risa, a otros, molestia. Los más se sentían maravillados. Pero todos esperaban ansiosos la llegada del Hada Gallina.

Hasta oídos de ella llegó la noticia y acudió al gallinero antes del tiempo fijado para su visita. En lugar de reunir a todos, como en otras ocasiones, visitó primeramente a Mamá Gallina, quien al verla, suspiró:

—¡Qué bueno que ha llegado! Mire lo que pasó, ¡qué desdichada soy! . . . —y procedió a contarle con detalles. Entonces el Hada Gallina respondió:

—No te preocupes, que el problema tiene solución. Busca a tu hijo. Yo le indicaré lo que va a hacer.

Pero nuestro polluelo ya era un gallo hecho y derecho, que en lugar de cantar kikirikí, pregonaba:

—¡Amanece! ¡Amanece!

Pero nadie se atrevía a mofarse de él. Por el contrario, le envidiaban que cantase diferente. Pero él no quería ser diferente, así que acudió presuroso al llamado del Hada Gallina. Esta le señaló:

—Para que puedas cantar kikirikí y hablar como tus demás compañeros de corral, deberás hacer lo siguiente. Ve a la cima del Yunque. Consíguete a Juancho el Múcaro. Con sus sabios consejos él te ayudará.

El Gallo no quiso perder tiempo. Se despidió de Mamá Gallina y atravesó entonces montes y colinas hasta llegar a la cima del Yunque. Encontró allí a Moncho el Coquí. Este lo llevó donde Juancho el Múcaro, quien al verlo exclamó:

—Bienvenido, hijo, al Yunque. Esta es la tierra donde todos encuentran el remedio a sus males. Y el tuyo no es un caso difícil. Esto es lo que haremos. Permanece aquí cinco días, durante los cuales no vas a cantar en lo absoluto. Pero escucharás todos los sonidos y estarás atento a cualquier detalle.

Cinco días estuvo el Gallo atento al mínimo sonido: la caída de una hoja, el correr del río, la caída de la lluvia, el canto del coquí, el silbido de las aves, el jugueteo de las hojas con el viento . . . en fin, que no se le escapaba nada a sus sentidos.

Al sexto día, mucho antes de amanecer, Juancho el Múcaro se acercó al Gallo, lo despertó y le dijo:

—Respira profundamente. Llénate del aire fresco de la mañana y prepárate para cantar como nunca antes lo habías hecho.

El Gallo respiró con calma el aire puro del Yunque y entonó con todas sus fuerzas:

—Kikirikí, kikirikí . . .

Había tal gallardía en su canto que todos los habitantes del Yunque se levantaron inmediatamente a felicitar al Gallo y compartir su alegría, mientras éste no cesaba de repetir:

—Kikirikí, kikirikí . . .

Aunque era feliz en el Yunque, sabía que debía regresar. Así que agradeció el Gallo la ayuda de Juancho el Múcaro y se despidió de sus nuevos amigos. Regresó contento a su gallinero. Al llegar, estalló de alegría:

—Kikirikí, kikirikí . . .

Fue la sensación en el gallinero. Todos salieron a su encuentro. Hasta las gallinas ponedoras cacarearon su alegría. Mamá Gallina lo abrazó emocionada. Sus compañeros de corral lo felicitaron y celebraron una gran fiesta ese día.

Súbitamente en medio de la algarabía el Hada Gallina apareció y le habló así al Gallo:

—Como habrás visto, tu problema era la falta de aire puro y fresco. Cuando tú estabas en el cascarón aún, Mamá Gallina se enfermó por la mucha basura que echaron en los alrededores del corral. Ninguno de tus hermanos se afectó, pero tú sí. Pero me alegro que ya estés bien. Te felicito y deseo buena suerte.

Al decir esto se envolvió en un destello de luz y desapareció hasta la próxima ocasión.

Desde entonces todos los meses el Gallo va al Yunque por varios días para renovarse. Y claro, ahora lleva a Mamá Gallina y a sus gallinas favoritas del gallinero.

Y colorín, colorado . . .

Elsa Zambosco

La niña Fernanda

Lloraba, lloraba,
la niña Fernanda,
su linda muñeca
flotaba en el agua.

Tenía la tarde
dormida en los ojos,
azules y tibios,
mojados y tristes.

De lana amarilla
su pelo de dama,
del color del cielo
su falda de lana.

Oh, niña Fernanda
parece, decía,
no llores, ya vengo
por el agua fría.

Ya toma su mano,
su mano de pana,
el corazón late
latidos de lana.

Cantaba, cantaba,
la niña Fernanda,
su linda muñeca
envuelta en la enagua.

Elsa Zambosco

Diálogo de cuna

Madre, quiero bajar al fondo del mar
a ver a la barca de abajo pasar.

Duerme, niño mío, deja de soñar.

Madre, quiero bajar al fondo del río
a ver de las ninfas su largo tejido.

Duerme, niño mío, deja de hacer ruido.

Madre, quiero bajar al fondo del fuego
a ver a Vulcano riendo en su juego.

Duerme, niño mío, deja, te lo ruego.

Madre, quiero bajar al fondo del alma
a ver al ángel rodeado de calma.

Duerme, niño mío, acaricio tu palma.

Madre, quiero bajar y llevarte . . .

Duerme, niño mío, el ángel del sueño
ya baja a buscarte.

Elsa Zambosco

A Vanessa

Me miras Vanessa
con tanta dulzura,
tu cara, blancura
y tu rubia cabeza,
que siento que espesa
la sangre me corre,
y no hay quien borre
tu beso de fresa.
Y no es sorpresa
que te quiera tanto,
ni que piense cuánto
tienes de riqueza.
Me basta con esa
sonrisa tan tuya
que no hay quien huya
ni vea simpleza.
Y te sientes presa
de mi amor naciente,
y ni estás consciente
que ya eres princesa.

Fly pretty bird
            fly,
as far
    as your wings
can take you.
I wish I could
            be
one of your wings
and fly
    along with you.

Mother,
I hear the ice-cream truck
                coming,
I am a good boy mother
        (grandma says I am).
I picked up my toys
                this morning,
I ate all of my food
                today.
Mother, will you give me
            a quarter?
I hear the ice-cream truck
                passing by.

Did I tell you
I have a poodle?
He jumps like a baby lamb,
He eats like
    a little horse,
he drinks like
a skinny whale
and he runs
          and
plays with me . . .

Franklyn Varela-Pérez

How the Water of the Bay Turned Silver: A Story About Puerto Rico

Long before the Earth became old, and the Dew of Creation completely evaporated, there lived on the small green island of Puerto Rico a Seagull.

"A magical Seagull," the Ocean rumbled.

"A magical Seagull," the Mountains echoed.

A magical Seagull clothed in a sparkling coat of enchanted silver feathers. Every morning the bird would fly and survey a small bay of white sand and blue water.

"A magical Seagull," whispered the Wind.

"A magical Seagull," chimed the Coquí.

Gliding high on an easy sea breeze, the Seagull made ready for its morning flight. Then as if on signal, it broke its slow glide to streak the dark morning sky with a band of silver. That was the sign for the Sun to rise and the Night Creatures to start for home and sleep. The Tree Frog, the Lizard, the Owl, and the Snake. All made their long way home with one exception, the Fiddler Crab, who was jealous of the Seagull's magic coat.

Later that morning the Fiddler Crab stopped the Seagull to ask a favor.

"A favor?" asked the Seagull.

"Yes, may I borrow your beautiful coat?" the Fiddler Crab replied.

"My coat?" cried the Seagull alarmed, for

without it, the Sun would never wake but sleep forever.

"Calm yourself. I only want it for this evening to see Tree Lizard," the Fiddler Crab said lying.

Now the Seagull was caught, for Tree Lizard was a friend, and friends should never be disappointed.

"But what am I to wear in the meantime?"

"This," said the Fiddler Crab, and in its large yellow claw was a jacket of a dusty grey and white color. "I know the jacket isn't beautiful, but Tree Lizard will be so happy knowing you remembered."

The Seagull gave in and put on the dull grey and white jacket.

"Thank you," said the Fiddler Crab, who took the beautiful silver coat and disappeared into the jungle surrounding the bay.

Soon morning turned into afternoon; afternoon became sunset; and sunset ushered in the night. The Crickets and Coquís swelled the warm evening air with their music. The now-you-see-me-now-you-don't fireflies flecked the evening sky with their tiny lamps. The night slowly stretched itself like a cat to one-two-three long days.

"Seagull," cried a small voice.

"Who's there?" asked the Seagull from its high treetop home.

"Me, Tree Lizard," and there on a twisted brown tree root stood a tiny Lizard, all leaf green with eyes golden.

"Why isn't the Sun up?" demanded the small Lizard.

"I lent the Fiddler Crab my coat," said the Seagull. "To see you."

"But Seagull, Fiddler Crab never paid me a visit."

The Fiddler Crab had fled to the beach, where it snapped its large yellow claw, dancing a *plena,* singing a song about the poor Seagull.

> It's so easy,
>   so easy to get,
>   to get what you want
>   from a foolish Seagull,
>   who trades silver for dust.

The Seagull heard the teasing song, but before the Fiddler Crab could be located, the Crab spied the Seagull first and quickly looked for a place to hide. A hole was found, but it proved too small. Next it tried to bury itself in the sand. There wasn't enough, so it hid deep among the waves. Then something terrible happened. The coat started to bleed its dye. The magic coat was staining the water until nothing remained to color its fabric. The water of the bay began to shimmer as if a careless hand had tossed droplets of silver into the waves.

"How am I ever going to wake the Sun?" cried the Seagull. "Perhaps my friend the Rooster can help me."

Then flying to a nearby farm, the Seagull sought out the Rooster.

"Help me, Rooster. I've lost my magic coat

and can't wake the Sun."

"Of course, I'll help," the startled Rooster said, stifling a yawn with a long red, gold-tipped wing.

The Seagull thanked the Rooster and resumed its search for the Fiddler Crab. The Rooster pecked the ground thinking of ways to help. Suddenly with a hop-skip-and-a-jump, the Rooster climbed to the top of the chicken coop and let loose with three loud "Cocka-Doodle-Doos." The Sun woke with a start and somehow managed a sleepy red eye over the horizon.

"Wake up," cried the Rooster. "You've been asleep for three days. It's time you did some work."

"What happened to the Seagull?" mumbled the tired Sun.

"Seagull lost its magic coat and couldn't wake you," replied the Rooster.

"Oh," groaned the Sun, who then slowly began the long climb over the horizon.

The Fiddler Crab scurried back on shore. The magic coat was ruined beyond repair. The Fiddler Crab, ashamed of what it had done, looked left and right for the Seagull as the magic coat was taken off and left on the beach. Then scampering over the sand, the Fiddler Crab disappeared into the jungle never to be seen again.

The Seagull found the magic coat tossed like a careless heap on the wet sand. A great sadness filled the Seagull's heart, realizing that never again would the Sun or the World see its beautiful flight. But the Seagull's magic has not been totally lost. "La Parguera," a small bay on Puerto Rico's southern coast, now hides the Seagull's secret. When the moon is full, the water of the bay reveals its magic: a phosphorescent glow as beautiful as diamonds but far more precious. And if you pay close attention, you may hear the ghostly mewing of a Seagull singing in the night.

PANCHO

This is not just another shaggy dog story, you'll see:

Mr. and Mrs. Martínez had two little boys named Bruce and Joe. They lived on South Stull Avenue y tenían una hermosa piscina in the back yard of their home.

One morning, Mr. Martínez was reading the paper, como de costumbre, and suddenly said:

"Bruce and Joe, get in the car."

"Are you taking us for a ride?" preguntó Joe.

"Solamente si se dan prisa," answered Mr. Martínez.

Los niños salieron corriendo hacia el carro. By the time Mr. Martínez got to the driver's seat, the boys were all set. Mr. Martínez put the newspaper on the seat next to him and started the car.

Cuando iban en el camino Bruce asked:

"Daddy, are you taking us to the lake?"

"Me temo que no," dijo el señor Martínez. "Remember that I have to go to work."

"Then where are we going?" preguntó Joe, a lo que el señor Martínez contestó:

"Yo mismo no lo sé. Let's see . . ." dijo as he looked at the newspaper.

The boys wondered what all this meant. En seguida el señor Martínez detuvo el carro in

front of a little house. "Vamos, muchachos," dijo.

Los Martínez got out of the car, and as they walked toward the house, a little old lady opened the door y amablemente dijo, "Hello!" Then Mr. Martínez asked:

"Do you have an ad in the paper to give away a puppy?"

"Yes, sir," said the lady. "Please come in."

The Martínezes followed her to the basement. She stopped in front of a basket. En el canasto había tres perritos. "Aquí está," she said, alzando a una perrita negra.

"Look, Daddy! Can we have this one?" said Joe, picking up a shaggy yellow dog. "Look, Bruce, this is cuter, isn't it?"

Bruce, entusiasmado, empezó a saltar. "Por favor, papito," suplicaba.

"¡Niños!" dijo el señor Martínez, and before he went on,

"It's all right," whispered the nice lady. Y dirigiéndose a los niños dijo:

"The puppy will probably be happier around young people. Take it. Se lo regalo. All I want is a nice home for him."

"We will take good care of him," said Bruce.

"Are you sure we can have this one?" asked Mr. Martínez.

"Sure!" said the lady. "Si es ése el que a ellos les gusta, they can have it."

"¿Puedo llevarlo hasta el carro?" decía Joe.

"I'll do it," said Bruce. "Let me hold him. Please give it to me, Joe!"

"No, I want to carry him to the car," dijo Joe. "I can do it, right Daddy?"

The boys started fussing about the dog, y Joe dio la vuelta y se retiró llevando al perrito en sus brazos.

"Just a moment, boys!" dijo Mr. Martínez. "You will have plenty of time to carry him around. Right now it's my turn!"

Los niños salieron corriendo hacia el carro gritando alegremente, "Bye . . . ! Thank you!"

Cuando ya estaban bien sentados en el carro, Mr. Martínez le entregó el perrito lanudo a Bruce.

"Be careful," le dijo. "Don't let him run away."

Pronto los niños y el perrito were having a good time playing en el asiento trasero del carro.

Cuando llegaron a casa, Mr. Martínez let the boys out of the car and rushed to work.

El perrito corrió hacia el patio rodándose en el cesped, inviting the boys to play with him. He was a playful and funny dog. Los niños jugaron con el perrito lanudo por un rato, luego dijo Bruce:

"Hey, Joe! ¿Cómo le vamos a llamar al perrito?"

"Let's call him Pancho," dijo Joe.

"Yea!! Pancho!" said Bruce mientras corría a la cocina. "We have to ask Mom if it's all right."

Mrs. Martínez estaba hablando por teléfono.

"Mamá . . . Mamá!" decía Bruce a gritos. "Papito got us a puppy; you'll love him. He is yellow and shaggy, very cute!"

La señora Martínez se llevó el índice a los labios and told Bruce to be quiet, pero él seguía: "Mom, Mom, you have to see him!"

"One cup of sugar, two eggs," said Mrs. Martínez, mientras le hacía señas a Bruce para hacerle callar, pero el jalaba ansiosamente del delantal para llamarle la atención. "Mom, please!"

"Excuse me for a moment, Mrs. Sánchez," dijo Mrs. Martínez, y cubriendo la bocina con la palma de la mano, said to Bruce:

"Go play outside, please! Don't you see I'm busy?"

"Can we call him Pancho?" le preguntó Bruce.

"Sí, sí, sí . . . ! Go out to the yard now," she said . . . "Mix ingredients well," she went on.

"Hurry!" yelled Bruce as he left the kitchen saltando de alegría. "Joe! Joe . . .! ¡Mamá dice que está bien que le llamemos Pancho al perrito!"

Right away los niños empezaron a jugar con el puppy, calling him by his name so that he would get used to it.

"Joe," dijo Bruce, "let's give Pancho a bath. Bring him to the swimming pool. Hold onto him tightly while I pour water on him."

Tan pronto como el perrito sintió el agua se asustó and tried to get away. He slipped out of Joe's arms and fell into the pool.

"Help! Help!" yelled the boys. En ese momento llegaba el cartero with their mail, y Joe corrió a decirle:

"Help, Mr. García! Pancho fell into the pool, and he doesn't know how to swim."

"Oh, boy! I don't know how to swim either. I'd better go get help!"

Moving his legs as fast as he could, el señor García went to the Police Station.

"Señor Sargento," dijo el cartero, "un niño se ha caído a una piscina y no sabe cómo nadar!"

"Primeramente deme el domicilio, por favor," said the sergeant.

"Eight fifteen South Stull Avenue!" said Mr. García in a hurry.

"Eight fifteen South Stull Avenue . . ." repitió el sargento mientras escribía. Then he asked "¿Cómo se llama el niño?"

"Oh! . . . The name!" said the mailman, very nervous. "I don't remember the name, sir!"

"I must have the child's name en el archivo," dijo el sargento.

Mr. García pensó que estaba perdiendo el tiempo allí, so he ran to the hospital.

"Ma'am, Ma'am!" he called to the lady at the desk, "A child has fallen into a swimming pool, and he doesn't know how to swim!"

"All right," said the lady. "Mandaré una ambulancia inmediatamente. ¿A qué domicilio?"

"Eight fifteen South Stull Avenue," dijo el cartero.

"And the child's name, please!" said the lady as she was writing.

"I don't remember the name!" le dijo Mr. García. "Oh, my! It may be too late already! I must look for help some place else," pensó.

Mr. García left the hospital para dirigirse a la Estación de Bomberos.

"Chief!" dijo, "a child has fallen into a pool, and he doesn't know how to swim!"

"¿Dónde? ¡Pronto deme el domicilio!" dijo el Chief.

"Eight fifteen South Stull Avenue," dijo el señor García, feeling faint.

"Right away!" said the Fire Chief giving the order to go to 815 South Stull Avenue.

"Thank you, Chief, thank you!" dijo el señor García mientras que salía running towards the Martínez's home.

". . . Well, I always used two teaspoons," decía la señora Martínez, still on the phone.

Suddenly Joe burst into the kitchen:

"¡Mamá, mamá!" he said. "A policeman is here! ¡Dice que un niño se cayó a la alberca!"

"¡Madre mía!" said Mrs. Martínez. "I'll call you back, Mrs. Sánchez!"

La señora Martínez salió al patio. Just then, the ambulance y la troca de bomberos arrived with sirens blaring and red lights flashing.

"¿Qué es lo que pasa?" she asked. Luego vio llegar al señor García mirando ansiosamente into the still, blue water of the pool preguntando:

"Where is he? Where is he?"

"Where is who?" dijo la señora Martínez. "Please tell me what happened."

"Where's the boy . . . The boy, . . . what's his name?" dijo el cartero.

70

"I don't know!" contestó Mrs. Martínez.

"Maybe Pancho can help us find him!" dijo Joe.

"That's it! That's the name! Pancho, Pancho! His name is Pancho!" said the mailman quickly, como temeroso de olvidarlo de nuevo.

"Here, Pancho! . . . Here, Pancho!" The boys called the dog, que ya para entonces se encontraba swimming and playing in the water.

"Oh, nooo!" se quejó Mr. García as he fell with a giant splash flat on his back into the pool.

Luckily the ambulance was there, and the firemen were there too, so they saved good Mr. García.

La sirena de la ambulancia y la campana en la troca de bomberos faded as they got farther away after they had accomplished a mission.

The Martínez's home was left quiet. Everyone seemed to be absorbed in very deep thought.

"I'm sorry, Mom," said Bruce breaking the silence. "From now on, we won't give people's names to dogs."

Mrs. Martínez sighed deeply, and smiling said to the boys:

"And from now on, I will listen when you want to talk to me."

Los niños y la señora Martínez se unieron en un abrazo, forgiving each other with a smile.

"Why don't we call him Shaggy?" said Mrs. Martínez.

"Yes! We'll call him Shaggy!" the boys

agreed.

"Here, Shaggy! Here Shaggy!" the boys started calling the dog so that he would get used to his new name.

Taíno

When Columbus came
the Indians were
dancing in a round
circle
this is the way
they learned history
this is the way they
knew their gods
this was called:
areyto
areyto is a song
which is heard
while dancing

The Indians
had been living
for many years
on the island
which they called
Borinken
they ate fish
they ate fruit
they went on
canoes from
island to island

All over what is
now America
looking at the

map see how big
it is
it has a north
it has a south
it has a group
of islands in a sea
which is called:
Car-ib-be-an
there were Indians
who had formed
into tribes and
some had built
huge centers of living
like the city you live in

The Taínos were all
over Puerto Rico
living in villages
houses made of palm
leaves called bo-hí-o
the man or woman who
was like their leader
was called a cacique
which is like a king
he wore a big gold
medal on his chest
the sun seeing the gold
combed its hair
with the rays

Gold and coral
were found everywhere
lots of it

when Columbus dropped
the anchor from the
Santa María
upon bringing it back up
he and all his men
stared at all the
red coral that had
wrapped around it
like lots of worms

They say the Taínos
are now gone
they have gone into
the Puerto Rican
people
the areyto is heard
in the sounds of the
mountain
your tongue is Taíno
when you eat guava
paste or juice
you can get it at
the store

on the corner.

Good Hotdogs

Fifty cents apiece
To eat our lunch
We'd run
Straight from school
Instead of home
Two blocks
Then the store
That smelled like steam
You ordered
Because you had the money
Two hotdogs and two pops for here
Everything on the hotdogs
Except pickle lily
Dash those hotdogs
Into buns and splash on
All that good stuff
Yellow mustard and onions
And french fries piled on top all
Rolled up in a piece of wax
Paper for us to hold hot
In our hands
Quarters on the counter
Sit down
Good hotdogs
We'd eat
Fast till there was nothing left
But salt and poppy seeds even
The little burnt tips
Of french fries

We'd eat
You humming
And me swinging my legs

for Kiki

Abuelito Who

Abuelito who throws coins like rain
and asks who loves him
who is dough and feathers
who is a watch and glass of water
whose hair is made of fur
is too sad to come downstairs today
who tells me in Spanish you are my diamond
who tells me in English you are my sky
whose little eyes are string
can't come out to play
sleeps in his little room all night and day
who used to laugh like the letter k
is sick
is a doorknob tied to a sour stick
is tired shut the door
doesn't live here anymore
is hiding underneath the bed
who talks to me inside my head
is blankets and spoons and big brown shoes
who snores up and down up and down up and down again
is the rain on the roof that falls like coins
asking who loves him
who loves him who?

Lorna Dee Cervantes

Thinking

I think I grew up last year.
Or maybe today
is just a phase,
like Autumn's bright red foliage
just before Winter's death.
Sometimes I think that maybe
life
is nothing but
one big phase
waiting for the next,
and death
is what you have
when you run out of phases.
I think that maybe
I did grow up . . .
some.

age 13
1967

Lorna Dee Cervantes

The Beauty of Me and My People

Funny how I never noticed it before
but there's beauty in my smooth amber skin
in the rich ginger-chocolate perfection.
It was foolish to think that pale
white, veined skin
was beauty.
My hair is also a wonder—raven black
sexy—against the whiteness of a pillow.
Thick and strong
deep and dark
                     shiny . . .
And my dark Spanish/Indian eyes
glossy and clear
a deep mahogany brown,
in dim light they blend in darkness . . .
And the dark of my eyes
And the dark of my hair
against the amber background of my skin
             paint a very pretty picture.

age 14
1969

Which Line Is This? I Forget

What a fool's game I'm playing,
this foolish game called
"Shame."
Where the rules are rigid
and the stakes are high
and you play for keeps.
Constantly running,
lying,
making up lies to cover my lies,
pretending,
hiding from something I know nothing about.
Talking fast
because I'm not quite sure of what I'm saying.
Feeling close kin to the Ugly Duckling.
Not a turkey
yet
not quite a swan.
Pretending I'm "White"
when they tell me I'm "Mexican."
Pretending I'm "Mexican"
when they tell me I'm "White."

"Hey, Boss Man!"
Wherever you are
in Heaven
or in Hell
I'm not fussy.
I just want someone to tell me which line this is
                        I forget

age 15
1969

Lorna Dee Cervantes

Down in Delano

A couple of days ago
in a car
a man raised his fist and cried
"¡Viva la Huelga!"
and I raised my fist and cried
"¡Viva la Huelga!"
He smiled at me praise.
He didn't know he was praising my pretending.
Weeks later
after I'd found out about
"Huelga"
(something I should have known
from the beginning)
on the way to someplace else
we stopped at Delano.
There I played at "striker."
I threw rocks at the right people
shouted things like
"¡Viva la Raza!"
and "¡Viva la Huelga!"
I ate *chile*
and got heartburn
to match my sunburn.
Someone making fun
asked me what kind of Mexican I was
(I guess he could tell I had heartburn).
I went through my long list of nationalities:
"Well my great, great grandfather was Chilean,
and my great grandmother was half-Spanish,

and a lot of me is Indian . . ."
He stopped listening.
I do better at Alcatraz.

age 15
1969

This Morning There Were Rainbows in the Sprinklers

This morning
there were rainbows in the sprinklers.
My hollow heels clopped as they wore away the pavement.
Clop, clop, clop.
I sang a worn out folk song
to the steady clop of my heels
wearing out the song
along with my heels
along with the pavement.
I was glad
because I wasn't sleepy anymore
but I yawned
more out of habit than out of sleepiness.
Today it's spring
and the remnants of April crush against my skin
in the wind.
It feels good.
The sky is clear
and I can see last night's quarter moon
like it was etched in the sky with cloud dust.

I time out my song to end
just as I reach my destiny.
I feel like I'm in a movie
a musical
with someone else walking down the street singing too.
I wait to see how the plot ends
because it's my story
and I choose the cast
and I'm directing.

age 14
1969

Chanclas

It's me—Mama, Mama said. I open up and she's there with bags and big boxes, the new clothes and yes she's got the socks and a new slip with a little rose on it and a pink and white striped dress. What about the shoes? I forgot. Too late now. I'm tired. Whew!

Six-thirty already and my little cousin's baptism is over. All day waiting, the door locked, don't open up for nobody, and I don't 'til Mama gets back and buys everything except the shoes.

Now Uncle Nacho is coming in his car and we have to hurry to get to Precious Blood Church quick because that's where the baptism party is, in the basement rented for today for dancing and tamales and everyone's kids running all over the place.

Mama dances, laughs, dances. All of a sudden Mama is sick. I fan her hot face with a paper plate. Too many tamales, but Uncle Nacho says too many this and tilts his thumb to his lips.

Everybody laughing except me because I'm wearing the new dress pink and white with stripes and new underclothes and the new socks and the old saddle shoes I wear to school brown and white the kind I get every September because they last long and they do. My feet scuffed and round and the heels all crooked that look dumb with this dress so I just sit.

Meanwhile that boy who is my cousin by first communion or something asking me to dance and I can't. Just stuff my feet under the metal folding chair stamped Precious Blood and pick on a wad of brown gum that's stuck beneath the seat. I shake my head no. My feet growing big and bigger.

Then Uncle Nacho is pulling and pulling my arm and it doesn't matter how new the dress Mama bought is because my feet are ugly until my uncle who is a liar says you are the prettiest girl here will you dance but I believe him and yes we are dancing my Uncle Nacho and me only I don't want to at first. My feet swelled big and heavy like plungers I drag across the wood floor straight center where Uncle wants to show off the new dance we learned. And Uncle spins me and my skinny arms bend the way he taught me and my mother watches and my little cousins watch and the boy who is my cousin by first communion watches and everyone says wow who are those two who dance like in the movies until I forget that I am wearing only ordinary shoes brown and white the kind my mother buys each year for school.

And all I hear is the clapping when the music stops. My uncle and me bow and he walks me back in my thick shoes to my mother who is proud to be my mother. All night the boy who is a man watches me dance. He watched me dance.

A Family Secret

I never dared tell anyone in the family. It would have convinced them that Grandpa was crazy, and that was not the case at all. Mama and Aunt Margot used to whisper about how Grandpa was losing his mind. Every night, as they scraped the grease off the black pans in the kitchen, they would tell lies about him. Well, it was true that sometimes he still talked to Grandma as he rocked back and forth on the dark porch. Once in a while, I would hide behind the door to listen to him tell her about the family and about their old friends, and he even would ask her questions. It scared me. Because you see, Grandma was dead and he still talked to her. But that doesn't mean he was crazy, does it?

Grandpa was seventy-three years old. He was strong and healthy and he didn't need a cane to walk. He had a small shoe repair shop near my school. Everyday, around 3:15, after school was dismissed, I would go to his shop. Along the way, I would buy a cold bottle of Coke with the dime Mama gave me. The shop was a white woodshed behind an old house. Inside, it seemed it was always snowing, because of the dust particles floating in the air. It smelled of clean, recently cut leather. Grandpa, wearing his glasses, would be there hammering the black high heel of Mrs. Herrera's shoe, pressing lightly on a tiny nail between his lips, or he would be there cementing the soles of some brown penny-loafers. As soon as he saw me arrive, he would lay down whatever he was doing. Smiling, he would listen to me tell him how the substitute teacher cried again in class, or why Miss Moyer made us repeat "Empty vessels make the most sounds." Grandpa would laugh like a child, but with deep and hearty chuckles, as we sat there drinking our Coke. At five o'clock he would say "Se terminó lo que se daba," and he would kiss Grandma's photograph before he locked the uneven doors of the shop. He kissed her photographs after she died. You see, Grandpa loved her a lot. He used to call her *mi viejita* in his native Spanish. When she died, they wouldn't let me go to the funeral. I heard them say that it wasn't healthy for kids to see dead people. I didn't see Grandpa cry once during those days, although he was silent. But afterwards, he acted as if nothing had changed. That's why they thought he was crazy.

Now you know why I never told them about what happened on his birthday, nine months after Grandma's death. Mother had baked him a cake and everyone bought him a present. But not me, I made him a nice wooden frame for one of Grandma's pictures. He hugged me when I gave it to him. Grandpa was always warm and hairy and smelled of cologne and white starched shirts. That night, I was lying in bed ready to sleep when Grandpa quietly comes to my side and whispers that he has something important to show me. A special gift he had received. We tiptoed to his room and he closed the door behind us. From under the bed, he pulled a small, flat box which he handed to me. "Open it," he said. I found two white handkerchiefs embroidered in Spain. "Grandpa, they are nice," I told him, and he smiled. "Read the letter," he whispered. So I picked up the piece of notebook paper from inside the box and read it. I looked up at him and met his brown eyes staring slowly at me. "Grandpa," I said. I couldn't say anymore. "*Mi viejita* didn't forget me, *no me olvidó,*" he said in a low voice, "she still remembers my birthday." Between my fingers I felt the soft, delicate cloth of the hand-kerchiefs. "She wouldn't forget you, Grandpa," I told him. He came closer, almost smiling, and hugged me tightly.

Is your grandpa always warm and hairy and does he smell of cologne and wear white starched shirts?

Nicholasa Mohr

A Special Gift

Not very long ago, there used to be a bird and small game sanctuary in a big crowded city. This sanctuary was right in the middle of a large public park. It was sectioned off by a high wire mesh fence. People could stroll by and stop to look at the animals, but no one was allowed inside.

Lots of birds and small mammals lived there. Beautiful peacocks, brightly feathered pheasants, wild turkeys, cockatoos, parrots and many others. There were also rabbits, guinea pigs, chipmunks, possums, raccoons and squirrels.

Just a few minutes away from the park, on one of the streets with many buildings, lived Elena and her family. They all shared a small apartment in an old grey brick building. Elena had two older brothers, a mother, father and granduncle.

In nice weather, almost every Sunday after mass, Elena's mother would take her and her brothers to visit the sanctuary. Sometimes her granduncle, Tío Pedro, would also go along. Elena's mother would tell her children stories about her days growing up on the farm in Puerto Rico. She explained how she and her brothers and sisters would take care of all the animals. Tío Pedro would add stories of his own.

"All the animals had names," he said "and

everyone of the children had favorites."

"Mami," Elena often asked, "can we have some animals like these to take home and keep?"

"Elena, you know that is not possible. We live in an apartment. Where would we keep them? No, it is not fair to coop up animals all day. This is how they should live, in the sanctuary, free and happy. Still . . . I wish we could have pets myself!" her mother would respond sadly.

"Your mother is right," Tío Pedro agreed, "but . . . it would be nice if you children could have some pets of your own. City children never really get to know animals, and they miss something very important in life."

Elena tried to visit the sanctuary as often as she could. She was not allowed to go there alone and so she would have to wait for her brothers or Tío Pedro to take her. In cold or bad weather, when Elena knew she was going to the sanctuary, she would take a piece of old bread her mother kept in a large cannister. She would crush it down to crumbs and put it in her pocket. There were signs reading: DO NOT FEED THE ANIMALS.

Elena looked around making sure that none of the park guards were near. Carefully, she would push the crumbs through the wire mesh fence. Birds, chipmunks and squirrels would come and eat them. Elena always watched for rabbits. They were her favorites. How she wished she could have a rabbit for her very own.

Mami and Papi have their children, Elena

thought. Julio and Georgie are big enough to go out by themselves . . . Tío Pedro says he has all of us, but me, I have no one really small to love and protect. Late at night when everyone in the apartment was sound asleep, Elena prayed hard in a very soft whisper.

"Dear God, please let me have a little animal of my own to love and care for. I promise I will do a good job of keeping it happy. I prefer a bunny rabbit, but I will take whatever you give me. Thank you God and Amen."

Easter would be here very soon. Elena already had three stuffed bunnies from previous Easter holidays. Now, she prayed especially hard that this Easter she would get a real live rabbit.

The morning of Easter Sunday, as usual, Elena and her brothers searched for the brightly colored eggs and holiday candy. Tío Pedro took Elena aside and whispered in her ear.

"Try the linen closet in the hall. I think there is something special for you there."

Elena opened the closet door and there on the floor was a huge cardboard carton with a bright red bow and a large card reading:

FOR ELENA TO BE OPENED ON EAS-TER SUNDAY

Quickly, she called out to her brothers.

"Julio, Georgie, quick come and look what I found!"

"What a big box!" cried Julio, "Let's open it!"

They opened the box and there, cuddled

closely to each other, and surrounded by lots of yellow straw were two very black baby rabbits. Elena could not believe her eyes when she saw them move. They were real! They were alive!

"Look . . . Mami, Papi, Tío Pedro! Look, real rabbits . . . real ones." Elena picked up one of the bunnies then put it back, and picked up the other. Her parents stood by smiling and Tío Pedro winked and nodded at Elena.

"They are two girl rabbits. One is all black. The other has one small patch of white fur on her front right paw," he said.

"Elena, what are you going to name them?" asked Georgie.

"I don't know yet . . . but they will have very special names."

"Now, Elena" her father spoke, "Tío Pedro has given you this very special gift. But these small rabbits are a great responsibility. You must care for them properly. Your mother and Tío Pedro will show you how. We have made a special place for your rabbits. Come along."

"Here is where your rabbits will live," her mother pointed to a flat wooden box with a chicken wire top. It was set in the kitchen under the sink near the window. "You must feed them every day and clean out their cage. Elena, you must not let them run loose, or they will make on the floor and dirty the house."

Elena hugged Tío Pedro. "Thank you . . . you have made me so happy. I will take care of my rabbits better than anything in the whole world, you will see."

94

"I will help you," said Julio.

"Me too," Georgie smiled.

"You may help your sister, but this must be her responsibility." Her father spoke sternly. "You care for them right, or else, Elena, we will take them away from you."

Elena named the all-black one Miss Nightime and she called the one with the white patch of fur, Nubita, which in Spanish means little cloud. Each morning, before she went to school, Elena gave them food and water. Everyday she cleaned out the rabbit cage. She loved her bunnies and would sit for hours just watching them. Sometimes she took them out and put them in her bed. They were warm and cuddly. Their tiny dark pink noses would wiggle in all directions. She stroked them gently, feeling their dark shiny black fur soft and smooth under her fingers. Miss Nightime and Nubita's ears would fall back and they would scrunch up in Elena's lap. When they heard the slightest noise their ears would stand up straight and they would sit up ready to rush away. It seemed to Elena they were always ready to rush off somewhere.

She would let them run about the apartment, but watched them closely. Elena made sure to clean up after them. At first her brothers helped, but in a short while, they left that chore to Elena. Even though she tried to be careful, she missed a spot here and there.

"Elena, you have to be more careful with your rabbits," her mother said. "If your father knows that I have to clean up their mess, you will be in trouble!"

Once in a while they would nibble at the electrical wires, and Elena was usually able to stop them. However, just yesterday, she had not caught them in time and when Julio went to plug in the small radio, there was a big explosion. Julio had screamed and the wall socket was all black. He had not been hurt, except for one finger that was slightly bruised from the electric shock.

"Elena! . . . why don't you watch those rabbits of yours? Next time that happens, you're gonna eat rabbit stew!"

But Julio didn't tell Papi, and for that she was grateful.

Miss Nightime and Nubita were growing larger. They seemed very cramped in their small narrow cage. Elena would let them run about more often now, but they would hide. It was beginning to get harder to find them. Once Nubita had gotten into her father's closet and chewed up the laces of his good shoes. Another time, Miss Nightime had made right in Uncle Pedro's bed. What a stir that caused! Elena found herself worrying even in school about her rabbits. They were getting bigger and bigger. Too big it seemed for that little cage.

One day as Elena sat in the kitchen thinking, her mother spoke to her.

"Mira, Elena, you never go to the sanctuary anymore. Why don't you take a walk there once in a while with your brothers?

"I can't, Mami, I have to take care of Miss

Nightime and Nubita."

"You can go this afternoon. Leave them in their cage and I'll look after them. I'll ask Tío Pedro to take you."

"I just don't feel like going there anymore, Mami."

"I think it's time you did go, Elena. In fact, I'll take you this Sunday after mass, with Tío Pedro."

That Sunday, all three stood at the fence looking inside the bird and small game sanctuary.

"Elena, what do you think of the animals in there? Do you think they are happy?"

"Yes, Mami."

"Look . . . mira," Tío Pedro pointed, "there goes a rabbit, a brown one! That's the way animals should be. Free to come and go as they please, in a natural environment."

"Miss Nightime and Nubita are happy," Elena said. "They have me to love and protect them."

"You have been very good to your pets," said Tío Pedro. "They are healthy, and one can see that they are loved by you. But . . . they are almost all grown now, and I think it's time for a change."

"What?" Elena stepped back. "What change? I won't give up my rabbits. Never! They are mine. You gave them to me. I won't!"

"Elena! There is no need to shout," her mother said. "Tío Pedro is only telling you the truth. You can see yourself how cramped and uncomfortable your rabbits are. I cannot have them underfoot and running about. I think we should consider some way of . . ."

"No! I won't listen to you and Tío Pedro. You want to take away my rabbits. No!" Elena turned and ran.

"Elena, Elena! Come back . . . don't go like that . . .," her mother and Tío Pedro called after her, but she had already disappeared.

The rest of the day and evening, Elena was silent and refused to speak to anyone. She took Miss Nightime and Nubita to her bed and played with them. That night by herself, Elena looked out at a sky full of many many stars. She made her wish silently. Then she cried quietly for a while and finally fell asleep.

Next Sunday very bright and early, Elena, Tío Pedro, Julio and Georgie all got ready to go to the sanctuary.

"Before you put your rabbits in the box," her mother said, "you better remove their collars."

"Why, Mami?"

"Because otherwise the park people might know they don't belong there and it might cause trouble."

Reluctantly, Elena removed the collars. She hugged Miss Nightime and Nubita, then she placed them in the carton. Her brothers sealed the top.

"Do you think the holes on the side are enough for them to breathe?"

"Sure Elena," replied Georgie, "more than

enough. Please don't worry."

"Well, we are all ready to go," her mother said as she looked at Elena. "Are you sure you want to come along?"

"Yes, they are mine. I have to be there."

Very few people were in the park that early, or at the sanctuary. They found an area where the wire on the bottom of the fence was loose.

"Here is a good spot," said her mother. "Georgie and Julio, pry up the wire to make an opening."

"Now, open the box," said Tío Pedro to Elena. "Julio and Georgie will hold up the wire fence and you will push them through one at a time . . . go on."

Elena reached in and took out Miss Nightime. With great care she stroked the rabbit and kissed its forehead. Quickly she pushed it through the opening. Miss Nightime sat up and with her ears at attention looked out at everyone from the inside of the sanctuary. In a flash, she disappeared into a thicket of bushes. Elena did the same with Nubita, who also headed in the same direction as Miss Nightime. Her brothers pushed and fixed the fence, until it was securely back in place.

"There now, they will be happy, free and safe," said Tío Pedro.

Elena felt a sinking inside her chest, and had trouble holding back her tears.

"You learned a lot about animals, Elena, and that's why I gave you the rabbits in the first place. Now you know what it is to raise pets.

You did a good job. You also know when animals, just like people, grow up, they must be free to be independent and live lives of their own. Why, I'm sure Miss Nightime and Nubita will find mates in there and have children. They are going to be very, very happy. Much happier than living in a tiny cage cooped up all day, eh?" Tío Pedro put his arm around Elena. "Let's go on home. I'm buying you and your brothers ice cream cones. And yours will have two scoops! I'm proud of you, Elena, because you know now not to be selfish. Let's go!"

"Tío Pedro and everybody, please go on ahead. I just want to stay here for a minute. I'll catch up to you all, I promise."

They walked on ahead. Elena stood by the fence for a while peering in, hoping to catch a last glimpse of her pets. After a few minutes, she wiped her tears and sighed. She remembered her wish, and repeated it out loud.

"Miss Nightime and Nubita . . . always remember me, and I promise I will always remember and love you both."

Elena turned quickly and ran down the path to catch up with her family.

Pat Mora and Charles Berg

Ana's Day

Plunk, plunk, plunk. Ana slowly opens her eyes at the sound. *Plunk, plunk, plunk.* Ana hears her mother putting mesquite twigs in the fireplace. It is early morning in this tiny village in Mexico. Ana's mother, Mamá Rosas, is beginning breakfast for the family.

Ana closes her eyes. Warm sleep pulls her back, back to the world of dreams where she lifts her arms high and begins to fly over the houses, over the hills, over the desert.

But Ana shakes her head, opens her eyes and is back in the small bed she shares with her little sister. Slowly, carefully, Ana climbs out of bed and tiptoes into the kitchen. She yawns a big yawn.

"I'm ready to help, Mamá," says Ana.

Ana's village has no electric lights. It has no tubs or showers or washing machines or water faucets.

Mamá Rosa smooths Ana's long, black hair. "Come," she says. "We must go to the creek for water. Here is your bucket."

Ana dips her small bucket in the creek. Then she carefully places the bucket on her head, just as she has seen her mother and grandmother do. She holds the bucket and walks slowly.

"Ah, Ana," says Mother, "now you are doing

well. Just pretend you are a little queen carrying a heavy crown that must not, must not fall off."

"This little crown has wet me before," says Ana. "It is not going to wet me today."

But the water won't be still. As Ana walks, the water sways. It rocks. It splashes Ana's shoulders. "Ay!" says Ana.

Her mother laughs. "This little queen is having her morning bath."

In the kitchen Ana watches her mother warm beans and potatoes. Her mother begins to pat, pat, pat small handfuls of grainy *masa,* cornmeal dough, into tortillas. Ana asks, "May I make tortillas, too?"

"Of course, you make little tortillas for you and your sister."

Ana stands on a chair. She smells the *masa,* squeezes a handful and watches it sneak between her fingers. She rolls it between her hands, then *slap, slap, slaps* it, making it round and flat.

The smell of fresh tortillas cooking floats through the small house. Soon Ana's father, grandmother, and sister are in the kitchen ready for breakfast.

Ana proudly puts one of her small tortillas on each plate. Grandmother takes a small, careful bite of Ana's tortilla. She chews it very slowly, then looks at Ana and says, "Umm! The best tortilla I have ever eaten."

Ana smiles.

After breakfast Papá Rosas picks up his hoe. He is going to work in their small plot of land. He lifts Ana up before he leaves. She strokes his face. He kisses her nose. She giggles.

"Will you bring me lunch today, my little flower?" he asks. "Will you spend the afternoon with me and help me plant our crops?"

Ana hugs her father. He knows she likes to put the small seeds in the ground. He knows she likes to point to the small green plants that push out of the soil and to say, "I planted those."

"Help your mother this morning," says Papá Rosas, and he puts on his large straw hat and leaves.

While Mother washes the dishes, Ana and her grandmother sweep the dirt floor of their home. Ana is proud of the small broom Father made her. She catches her sister looking the other way, and she sweeps her sister's chubby feet. Her sister laughs.

"Look, Grandmother," says Ana. "Look at these two big brown bugs that will not move." But the *bugs* do move. Ana and her broom chase them around the room.

"Today will be another hot day," says Mamá. "I want to wash clothes early." Ana's mother hands her a small bundle of clothes to carry to the creek.

Mamá Rosas pulls a large tub to the water's edge. Ana kneels near her mother. On a smooth stone near the bank, she tries to scrub the clothes the way her mother does. Soon Mamá Rosas talks busily with the other women of the village.

Ana takes her sister's hand. They walk into the cool creek water. Ana likes to feel the soft mud between her toes. She likes to kick the water and see the drops fly. She likes to float sticks on the small waves.

"Ana, Ana," says Mother. "Come. Help me carry the clothes home."

In their small yard, Ana hands the clothes to Mamá who quickly pins them on the line to dry.

Inside the house, Ana smells beans cooking. Grandmother has been busy, too.

"Time for your backrub, Grandmother," says Ana. Her little hands squeeze Grandmother's shoulders gently, gently.

"Ana," says Grandmother. "Ana. No one has hands like my little Ana."

Now Ana climbs on Grandmother's lap. "Time for our guessing game," says Grandmother. "I am thinking of something in this room and it is green."

Ana looks slowly around their small kitchen. Then she begins to laugh and laugh. She covers her mouth. Ana whispers to her grandmother, "Is it my sister's little face?"

Grandmother tries to frown, but she smiles and squeezes Ana instead. "Oh, my silly girl," says Grandmother. "You mother was a silly girl, too," she says.

She rocks Ana back and forth. She tells Ana stories of when her mother would tease her brothers, would chase them pretending she was a bull, would sprinkle water on them to wake them in the mornings.

Ana listens to her grandmother until Mother says, "Lunch is ready. Will you get the burro, Ana?"

Ana grabs a handful of dried corn and runs outside.

She pets the big-eyed donkey, Dulce—the Sweet One—who is nibbling weeds in the shade. "My friend, will you give me a ride?" asks Ana.

She opens her fist and lets Dulce see the corn kernels. The donkey stretches his neck forward, and Ana takes a quick step back.

"Come," says Ana, and she tugs at his rope and pulls him to the front of the house. There she pets him again and offers Dulce the corn. His mouth tickles her hand.

"Here is your hat, Ana," says Mamá Rosas, and they each put on a large straw hat. Mother lifts Ana and places her on the burro. She hands Ana a basket that feels warm and smells good.

Ana's small legs hug Dulce's back. Dulce tosses his head. He is ready.

As Ana bounces along, she sees a few white clouds in the desert sky. She sees small hills with yellow wildflowers growing between the rocks.

"Do you get tired of walking, Mamá?" asks Ana.

"I like to walk," says Mother. "Even under this hot desert sun, I like to let my eyes see far away."

"Now my eyes are looking at this basket," says Ana. "I am hungry."

"Look," says Mother. "There is your father. Soon we will be enjoying a nice picnic."

Papá Rosas stops hoeing when they arrive. He lifts Ana down from the burro.

Ana pulls Dulce near a large bush. "Stand in the shade," says Ana. "Eat. You begin our picnic."

"The land is dry," says Papá. "We need rain."

"I will do a rain dance," says Ana. She flings her arms out and spins round and round. Then she stamps her feet as she has seen the Indians do.

Papá Rosas laughs.

"You are a fine dancer," he says. "Come. Let us eat."

After lunch Mother returns home. Father slips a small cloth bag on Anna's shoulder.

"You bag has corn seed," says Father. "Drop the seed in the rows I have made."

"Can I come and see my small green plants in the morning?" asks Ana.

Father smiles. "You must wait a few days, Anita. These are not magic seeds."

"Play a bit now, my helper," says Papá when he sees that Ana is getting tired.

First Ana runs and pats Dulce. She sits in

the shade and begins to pick up small rocks. She puts them in neat rows, in rows like the desks in the schoolhouse. She picks a nice fat rock to be the teacher.

Ana collects small yellow wildflowers to place in the tiny classroom. "I would like that," thinks Ana, "to be in a schoolroom full of flowers."

Ana leans her head on a big rock. The rock is hard, but her braids are her pillow. Ana watches the clouds. The longer she looks, the more shapes she sees.

She sees a long snake with one blue eye. She sees a bull with his head lowered, ready to charge. She sees soft, white arms reach out to hug a small cloud.

Papá knows when it is time to start home. The sun is his watch.

Ana is tired as she rides Dulce back to the village.

"My little flower," says Father, "maybe if we sing, Dulce will walk faster."

"Maybe if we sing a wet song, it will rain," says Ana, and she begins:

> Coo, coo, coo, coo, big fat drops of rain,
> Coo, coo, coo, coo, our desert is dry.
> Coo, coo, coo, coo, come dance on our land.
> Coo, coo, coo, coo, come slide from the sky.

At home Mother has beans, chile, and tortillas ready for the family.

"After dinner, may I look at the magazine with the pretty pictures?" asks Ana.

So when the dishes have been washed and dried, Ana sits by the kerosene lamp and slowly turns the pages.

"Mamá, do some children really live in homes like these with faucets and electric lights? Do some people really ride trains and fly in planes?"

Mother sits with Ana and answers her questions. Finally Mother says, "Time for bed, Ana."

"Mamá," says Ana when her mother tucks her in. "Do you think I will live in a big city one day? Do you think I will flick a switch and fill a dark room with light? Will I turn a shiney knob and feel cool water on my hand?"

Mamá Rosas smiles.

"I would like that," says Ana. "But . . . but, I love this home. I love living with you and my sister and Grandmother and Papá. I love playing in the desert and riding Dulce."

"Sweet Ana," says Mother, "who knows what exciting places you will visit. And when you have seen that big world outside our village, you will decide where you will want to live."

"If I don't live here, will you come to visit me?" asks Ana.

"Oh, yes, Ana. And you would come to visit us. And in the morning when you woke up, I would have warm tortillas ready for you, just as I will tomorrow."

"Listen!" says Ana. "It is raining! Papá, it

is raining!"

Ana runs and opens the front door. The desert air is cool, soft, sweet. Ana watches lights flash in the sky. She hears the rain bounce on roofs, roads, rocks. She sticks out her toes and then her fingertips.

"Is Ana having another bath?" asks Mother, and she smiles.

"The rain feels so soft, so clean," says Ana. "Can I watch for a while?"

"You see, Papá. It rained because I danced and because we sang the wet song. You see! I told you so!"

"Yes," says Father. "You sang a magic song tonight."

"And maybe my seeds will be green plants tomorrow," smiles Ana.

"Time for bed, Magic Ana," says Papá.

Ana kisses her family.

"Good night, my little rain dancer," says Father.

"Good night," yawns a sleep girl.

When Ana is back in bed, her eyes will not stay open. The steady *plink, plink, plink* of the rain is singing her to sleep.

Plink, plink, plink.

THE AUTHORS

Charles Berg: Chicano novelist, film reviewer and the Managing Editor of *The Investigator* magazine, El Paso.

Cristóbal Berry-Cabán: Puerto Rican poet, lecturer in the Department of Community Education, University of Wisconsin-Milwaukee, and soon to be Editor of the revived magazine, *The Rican*.

Trini Campbell: Texas Chicana author of *Canto indio mexicano* (Ediciones Abra, 1979).

Virginia Cantú: A bilingual education major at Mesa Community College, she has published poetry in *La Palabra* and is compilor of a bilingual glossary soon to be published by the National Dissemination and Assessment Center, California State University, Los Angeles.

Lorna Dee Cervantes: Widely published Chicana poet and editor of *Mango,* her first book of poems will be published this year by the University of Pittsburgh Press.

Sandra Cisneros: A very well known Chicana poet from Chicago who has published works in *Revista Chicano-Riqueña, Mango* and the new magazine, *US Latinas.*

Abelardo Delgado: Renowned Chicano poet from El Paso, winner of the Premio Tonatiuh de Literatura, he presently resides in Denver where he founded the Chicano Humanities and Arts Council of Denver.

Amelia Delgado: Abelardo's daughter.

Damián J. Fernández: Cuban-born poet, short story writer with works published in *Nuestro* and *The Latin Americanist,* he teaches at Phillips Academy in Andover, Massachusetts.

Victor Hernández Cruz: New York Puerto Rican poet who was recently featured in *Life's* story on eleven major American poets, his fifth book, *By-Lingual Wholes,* is soon to be published by Momos Press.

Nicholasa Mohr: The lauded New York Puerto Rican author of books for adults and children, her most recent book is *Felita* (Dial, 1980) and her most recent award, the American Book Award— 1981.

Pat Mora: Chicana poet who teaches at The University of Texas at El Paso and has had works published in *New*

America, Amphora Review and *Puerto del Sol.*

Silvia Novo Pena: Cuban-born poet, columnist for *La Voz de Houston,* arts organizer and professor in the Spanish Department at the University of St. Thomas, Houston.

Ana Soto: A housewife/storyteller who resides in Aguada, Puerto Rico.

Cirilo Toro Vargas: Puerto Rican short-story writer, librarian and founder of the literary magazine, *Creación.* He resides in Ponce.

Lucy Torres: Puerto Rican poet, short story writer, author of two books, who resides in Bloomington, Indiana.

Franklyn Varela-Pérez: Brooklyn-born Puerto Rican writer and contributing author to the ABC—CLIO publication, *Latino Materials.*

Gladys Weeks: Peruvian poet who works as a guidance counselor for the Houston Independent School District.

Elsa Zambosco: Argentine poet, playwright and actress who teaches in the Spanish Department of the University of St. Thomas in Houston.